시간의 무늬

문학들 시인선 039

장애선 시집

시간의 무늬

문학들

**시인의 말**

게으름과 고민의 시간
참, 많이 흘렀다
되짚어 보니 피붙이로부터
자유롭지 못했음을 고백한다

삶의 무늬를 그린다

이젠 때가 된 것 같다
닻을 올려야겠다

                                                2025년 여름
                                                  장애선

차례

5      시인의 말


**제1부**

13     문저리
14     가을 풍경
15     바닷가 마을 풍경
16     간고등어 한 손
18     명리命理에 부쳐
20     명태
22     벌초하러 가는 길
24     새우
25     神의 선물
26     발가락을 보며
28     우리의 봄날 꽃은 언제 필까요
30     회색빛 神발
32     버스를 기다리며
33     등나무를 보며
34     와온臥溫에서

## 제2부

- 37 　엄마라는 그 이름
- 38 　강진康津
- 40 　검정
- 42 　나 똥!! 싸!!
- 43 　세상에나 울 엄니
- 44 　황사바람 부는 날이면
- 46 　눈 내리는 날
- 48 　하늘에 계신 울 아부지
- 50 　이상한 가족 모임
- 52 　관음죽
- 54 　그 여자는 둥그렇다
- 56 　전어밤젓
- 57 　그해 겨울
- 58 　막다른 골목에 길이 환하다
- 59 　거룩한 한 컷

**제3부**

| | |
|---|---|
| 63 | 참회록 |
| 64 | 손톱을 깎아야겠다 |
| 65 | 무서운 것이 많아졌다 |
| 66 | 퇴근길 |
| 67 | 하수구를 뚫으며 |
| 68 | 꽃게 밥상 |
| 70 | 곶감을 말리며 |
| 72 | 서울 가는 길 |
| 73 | 구부러진 곡선에 세 들어 산다 |
| 74 | 두드러기를 추억함 |
| 75 | 참깨 밭에서 |
| 76 | 꽃이 진자리에 꽃이 피었다 |
| 78 | 시를 쓰다가 |
| 80 | 좌판에 누워 |
| 81 | 조문 |

**제4부**

| | |
|---|---|
| 85 | 걸레 |
| 86 | 직립보행 |
| 88 | 도다리 매운탕 |
| 90 | 앞집 총각 해병대 |
| 93 | 입춘 |
| 94 | 우리들의 블루스 |
| 96 | 유월 |
| 98 | 진순이 |
| 100 | 멸치 |
| 102 | 상냥한 그녀의 모국어 |
| 104 | 혜정이 |
| 106 | 저녁 노을 |
| 107 | 절골 풍경 |
| 108 | 자화상 |
| 109 | 기다림 |

113 **해설** 시적 경로를 통한 삶의 오롯한 회상들 _ 박철영

제1부

# 문저리

바닷물이 드나드는 강 하구에
낚시만 드리우면
주책없이 쉽게 낚여오는
망둥이라 불리는 문저리
제 살을 미끼로 던져도
아무거나 던져줘도 덥석 무는
미끼 하나 던져도
두 마리가 함께 올라오는

문저리가
문저리인 줄 모를 때 행복하다
바람에도 걸리지 않는
세상 행복한 바보가 된다

# 가을 풍경

멀리서 차 한 대라도 올라치면
뒷걸음치며 기다렸다 비켜 가는
기린초 노랗게 피어 있는 갈대숲 농로
육십 년쯤 함께 지냈을 법한
늙은 부부 잘 여문 곡식 알갱이
바람에 날리고 있다
언제 보았는지 멀리서
달려오는 차를 보고
할멈의 허리춤 잽싸게 낚아채
안으로 당기는 영감, 마디 굵은 손

비늘 반짝이는 송사리 떼 같은
꽃 같은 시간은 빛바랜 사진 속
이야기로 남아 있고 그대 향한 마음은
석양이 깊을수록 붉게 빛난다
뜨거움도 차가움도
세월에 걸러진 남루한 생生,
한 바퀴 돌아온 그대의
처음처럼 따스한 손

# 바닷가 마을 풍경


 따가운 햇살 보리밭에 누웠다 가고 수수밭 고랑 사이 소금 같은 깨꽃 흩뿌려진 계절 자고 일어나면 사철 바다만 눈 시리게 보이는 양철대문 집 땜장이 부자父子 살았었지요 닷새 장날이면 땜장이 아들 솥이며 냄비 봇짐을 지고 시큼한 살 내음 풍기며 아비 따라 만물전을 폈드랬지요

 장터에서 산 자줏빛 머리핀 때 절은 주머니 속에서 반질거리고 석유 집에 시집 갈 꿈에 부푼 단발머리 소녀 멀리서 하늘거리면 검정 고무신 축축한 발걸음으로 바람보다 먼저 달려가다 얼굴만 붉혔드랬지요

 우물에 떨어지는 나뭇잎 소리에 왼종일 가슴 울렁거리다 어둠이 덥석 등을 떠밀면 땜장이 아들 슬픔의 등불 하나 하늘에 매달았지요

 콧잔등을 시커멓게 구운 호야등 심지 키를 낮추고 기름집 앞에서 긴 줄 설 때 바닷가 마을 갈매기 뱃고동 소리에 혼을 놓고 돌담 어깨에 허리 걸친 여자 열매 바다 햇살 아래 붉게 영글어 가는 바닷가 마을 풍경이지요

# 간고등어 한 손


갈맷빛 등때기 물빛으로 치장하여
바닷새 입질에 온전히 제 살점 아껴
짜지도 싱겁지도 않게
짭조름 고소한 간이 배고
한 놈이 다른 한 놈을 껴안고 누울 때
비로소 한 손이 되는 간고등어

그대 껴안는 일 참으로 힘들었던

한심하게 열쇠를 들고도 문을 열지 못하는
어쩌면 저리 철없을까 하다가도
없으면 안 될 것 같은
내 유전자를 가진 아이들을 나누고
아무 일이 없을 때는 시시비비 다투다가
간혹 이웃과 다툴 때는 한편이 되는
내 편인 듯싶다가도 남의 편에 서 있는
내 모든 것을 알아서는 절대 안 되는
남 흉볼 때 절대 말이 새지 않을 것 같은
세상에 둘만 가장 선善하고 정의로운

간고등어 한 손, 참 어처구니없는

## 명리命理에 부쳐


사람들은 명리를 궁리한다면
귀신이라도 들린 사람쯤 생각한다
살다보면 뒷꿈치가 가렵고
겨드랑이가 가렵고
목덜미가 가렵고
마음이 소란스러울 때
막대기 하나 가져와 시원하게
박박 긁고 싶을 때가 있다
몸이 가려운 건 부족한 것이 있기 때문이다

박박 긁어야 쓰리고 아프지만 시원하다

누구나 사주팔자四柱八字 부여받고
지구별 여행을 꾸린다 완전한 수十에서
둘二 부족한 여덟 자八字를 가지고
인생을 항해한다 살다 보면 부족함투성이다
그래서 생명이 있는 것들은 가려울 수밖에

사노라면 木 火 土 金 水

다섯五行 재료를 골고루 비벼야
인생은 둥글둥글 그런대로 맛있다
그러나 가난한 요리사는
한두 가지로 맛을 내야 할 때가 있다
맵고 달고 시고 짭짜름한 인생이 된다

명리 산에 오른다
가려운 곳 어딘가를 찾아 막대기로 박박 긁으며
흐린 날 안개 길을 더듬더듬 찾아간다
부족한 너를 알라는 명리 신神의 말씀
부득부득 대들며 여직 헤매고 있다

# 명태

너무나 흔해서 이름조차 없어
명천明川 사는 어부 태씨太氏가
이름 붙인 명태, 머리부터 꼬리까지
몸뚱이 그 어느 것 하나 버릴 것 없어

가진 것 많아 오히려 쓰라린 생生

제 목숨 같은 알
창자와 살점 아낌없이 내놓아
귀한 알은 명란젓 되고
창자마저 고소해 창란젓 되고
살점 떼어 만든 명태전은 귀한 음식

하늘 노랗게 인내와 수치로 견뎌낸
황태는 황태찜 황태구이 되고
푸석푸석 말린 명태 이름 붙은 북어는
북엇국 북어무침 되지

갓 잡아 건져 올린 싱싱한 생태

얼린 명태는 동태, 말린 명태는 북어
차가운 덕장에 발가벗겨 묶인 채
바람 속에서 몸뚱이가 노랗게 될 때까지
스무 번을 얼었다 녹아야 황태가 되고
내장과 아가미를 잃고 한 코에 꿴 코다리
하얗게 말린 백태 검게 말린 흑태
딱딱하게 말린 깡태, 어린 명태는 노가리
그물에 걸려 잡힌 망網태
재수 없이 낚시에 걸린 조釣태
함경도 연안에서 잡힌 왜倭태

죽어서야 비로소 제 이름을 찾는 슬픈

# 벌초하러 가는 길


 등 굽으신 큰아버지 식솔들 앞세우고 벌초하러 산에 오른다 내딛는 걸음마다 땀줄기 흥건하고 땀 절은 옷 등에 달라붙었다

 학생연맹 부위원장 동생 빨치산에 3일 동안 얻어맞아 축 늘어져 당신 등에 업고 돌아왔다는 얘기를 하며 당신보다 먼저 땅에 묻힌 동생 묘를 벌초하러 산에 오른다

 소 한 마리가 반 살림인 시절 소 두 마리를 아니 새끼를 뱄으니 소 세 마리라며 소 세 마리를 몰고 간 빨치산은 우리 가문 웬수라는 얘기할 때엔 목에 핏줄이 돋는다

 태백산맥을 썼다는 조정래란 놈을 한번 만나 따져야 쓰겠다며 벼르는 그 자슥이 뭣도 모른 싸가지 없는 놈이라고 유명한 소설가 선생님을 한방에 날린다

 동학 연구로 박사 학위를 딴 교수 아들이 아부지 조정래는 그것이 아니라…고 웅수하면 네놈이 뭣을 아느냐? 네놈도 빨갱이다며 역정을 내는

아부지한테 뭣 할라고 그 말해서 혼이 나느냐 형은 동생
을 위로하고
 식솔들 앞세우고 벌초하러 산에 오르시는 큰아버지 발
걸음 뿌듯하고

# 새우

계속되는 열대야에 지쳐
거실에 웅크리고 잠들어버린
발갛게 익은 새우 굽은 등을 본다

등 굽은 새우 소금 위에 올려놓고
군침 흘리며 살을 발라먹던
여름날의 푸르던 밤

한 끼 밥으로 익어가는 새우

굽신거리는 게 죽기보다 싫어
벌겋게 물들도록 펄떡거렸기에
저렇게 된 것일 거라 생각하며

그의 꿈속을 기웃거렸던
여름날의 푸르던 밤

# 神의 선물

아이의 작은 팔뚝 두터워진 각질
헤집어 가느다란 혈관 속에서
한 모금 피를 뽑기 위해
헝클어진 머리칼에 가린 아이의 두려움과
실랑이를 놓다 그만 뺨을 후려치고
목구멍에 고인 핏물을 삼킨다


온전한 네 몫으로 남을 투병鬪病


어미의 이름으로 바라보는 게 부끄러워
커다란 풍뎅이 끌고 가는 개미처럼
뼈가 으스러지도록 슬픔과 자주
입을 맞추고 짧은 울음에 목이 잠겼다


어느 날 푸드득 내 곁에 날아온
흩뿌려진 질경이 씨 같은 슬픔이 아니라
내 버티고 일어설 빛나는 기둥
겸허하게 지상에서 누릴 神의 선물

# 발가락을 보며


가을 평상에 앉아 다섯 개 발가락이
꼼지락거리는 뭐 그리 이쁠 것도
없는 벗은 발을 내려다본다
유달리 길어 문지방을 넘다 턱에
걸려 몹시도 아파 늘 자르고 싶었던
그 미운 가운데 발가락

툇마루에 앉아 벗은 내 발을 보며
아무래도 니 가운데 발가락이 긴 것이
느이 엄마보다 내가 먼저 갈랑갑다
가운데 발가락 좀 자르자며
열세 살 어린 딸 발가락을 잡고
놓지 않았던 서른아홉

눈물짓지 않고는 생각할 수 없는

오랫동안 불러 볼 수 없었던
이름만큼이나 낯선 아버지
서른 훌쩍 넘긴 아들 바라보며

살아 있음에 거룩한
소금꽃 배어나는 짠한 눈물은
발가락이 내 몸에 있기 때문인가

# 우리의 봄날 꽃은 언제 필까요

밋밋하고도 슴슴한 야채와 찐 달걀
호두맛 뉴케어로 배 속을 채우며
탄탄 잘록한 허리를 꿈꾼다
신*라면 매운맛의 강렬한 유혹
허기진 배 속 군중들의 쿠데타
손과 발 몸뚱이가 떨려오고
긴 머리 잘록한 허리도 싫어질 때
입안에 번져오는 신라면의 기억
혀에 감겨오는 칼칼한 매운맛

아내 몰래 빠져나가 환한
그녀에게 도착했다 앙칼진 아내는
어둠 속에서 머얼리 희미하게 갇혀 있고
세상 가득 홀로 반짝이는 그녀뿐
붉은 립스틱 강렬한 유혹
좁은 골목길 빠져나오면서
몇 명의 여자를 만났는지 헤아려 보니
나도 모르겠고 사람들도 모른다

그대의 로맨스는 자꾸 출렁거리는군요
내 꿈은 파도에 걸려 산산이 부서지네요

우리의 봄날 꽃은 언제 필까요
대낮에 종종 길을 잃고 헤매던
그대와 나 다이어트? 다이너마이트?

## 회색빛 神발


오렌지 신발가게 유리창에 알록달록 붙은
경쾌한 리듬의 여름 바겐세일에 흔들려
장바구니 들고 콜라텍 가듯
슬로우 슬로우 퀵퀵 리듬엔 블루스로
아이쇼핑하다가 만 원에 산 샌들
갈치 비늘처럼 회색빛 반짝이는

몸 비늘을 달고 사우나 갈 때나
비 오는 날 첨벙거리며 열무단도 사러 가고
식탁 위의 고지서 들고 잔고 없는
은행도 만만하게 끌고 다녔는데
닳고 너덜한 내 삶 알고 있는 샌들
몸살을 했는지 뚝! 끊어져버린다

간격을 잃어버려 쓸쓸해진 관계
맘 떠났다고 쉽게 버릴 수도 없는
한 번만 더 참아 보겠다고 집에 돌아와
새끼들 맑은 눈망울에 울음 삼키며
쌀 씻어 밥을 안치던 그날 밤

수리비가 팔천 원이라는 수선공 말에
신발창이 얇아 몹시도 아팠던 발바닥
돌부리에 걸려서 발톱 멍들었던 기억 씁쓸해지고
수선 가게 콘테이너 선반 위에 올려진 회색빛 神
인자하게 팔을 내밀어 나를 품으려 하지만
죄인처럼 슬슬 아무렇지 않은 척

오래도록 神발 수선 가게를 겉돌던
지난여름 몹시도 무더웠다

## 버스를 기다리며

버스정류장 대합실에 촌로는
푸성귀를 싼 보따리 앞에 놓고
버스가 오는 길을 한없이 바라보고
한참이나 늦게 오는 버스를 기다리며
나는 왔다 갔다 서성거린다
익숙하지 않은 기다림에
얼마큼 시간이 흘렀나 확인하고
몇 번이고 핸드백에서 휴대폰을 꺼내
버스 회사에 전화를 걸어
짜증을 낼까 하다 친구에게
전화를 걸어 클클클 수다를 떨고
기다리면 꼭 올 것이라는
어쩌다 빨리 오면 반가움이 앞서는
촌로의 따뜻한 기다림이 흘러가고

시간에 무늬를 그리는 한낮의 대합실

# 등나무를 보며

여름 뙤약볕 아래 더듬더듬 촉수 뻗어

굽은 줄기 타고 서로를 결박한 채

기둥을 감아 오르는 등나무

낮술에 취해 길가에 누운 사내

옷자락을 당기는 젊은 아낙

서로 의지하고 기대야만

온전히 설 수 있는 생生

그렁그렁 보랏빛 환한 등꽃 내걸고

## 와온臥溫에서

와온臥溫 바다

비 내리고

그대가 매어 놓은

멀리서 출렁이는 배

한 척

밧줄 끊고 달아날 수 없는

쓸쓸한 저녁

**제2부**

## 엄마라는 그 이름

병상에 누워 계신 최 영감
혼잣말로 엄마! 하고
엄마를 찾는다
아내가 보고 싶은가 생각했다

하늘에 계신 당신의 어머니가 그리운 것이다

팔순이 넘는 할아버지도
사뭇 외로울 땐 엄마를 부른다
신열로 끙끙 앓을 때도 엄마를 부른다

하늘의 별이 되어
아들이 집으로 돌아올 때까지
엄마는 한없이 기다리시나 보다

## 강진康津*

구강포 한 점 물방울 번져
내 뼈 돋아나 몸이 부풀고
한때 핏줄이었던
젊은 아버지와 늙은 어머니
하롱하롱 흰 뼈 타고
하늘로 올라간 그곳

식솔 데리고 유자나무에
세 들어 살던 가난한 아버지
나무만 덩그러니 남은 터에
눈발 속에서 개똥쑥으로 돋아나
핏줄 사라진 그곳에
짜디짠 눈물 방울져 핀

흩어진 동무들과 함께 밟던
한없이 넓은 신작로
철들어 보니 한 뼘
내 속의 아이는
할머니 걸어 나오시는

환한 고샅길에서
여직 설레며 놀고 있는 그곳


* 강진 : 전라남도 강진군

# 검정

검정, 참 세련된
울 엄니 가장 좋아하는 색

고무줄 치마, 검정 셔츠
메이드 인 울 엄마표 검정 수제 옷 입고
검정 명절을 지낸다
땟국물에 절어도 바느질 솜씨 별로여도
조금은 못나 보여도 검정이라서 괜찮은

밤새 돌리는 재봉틀 소리 싫었다

명절마다 울 엄니 검정 옷을 만들어
흰 웃음 지으며 검정을 입혔다
검정이라 싫어 꽈배기처럼 몸을 비틀어도
맏이라 가장 먼저 검정을 입는 내 몸
차라리 번데기가 되었으면
명절이 없었으면

빨랫줄엔 온통 검정이 휘날렸다

검정이 싫은 나
오늘 검정을 입는다
땟국물에 절어도 몸이 못나 보여도
검정이라 괜찮다 검정, 참 세련된

# 나 똥!! 싸!!


씹지도 삼키지도 못해
콧줄에 대롱대롱 목숨 기대어
제 몸 마음대로 할 수 없어
요양병원에 누워 계신 아버지
생의 막다른 길
자존심 지키려 애써 보지만
그만 똥꼬 지킬 힘마저 사라져
모든 수치 훌훌 벗어버린

병아리 어미 닭 쫓듯 수발하는
간병여사 목소리에 마음이 따라간다

똥 마려운 느낌 간절해
두 눈 감고 고요히 기다리는 아침
재활 안 가고 환자 재우고 있구만
회진 나온 의사 까칠한 목소리에
똥꼬발랄하게 큰 소리로 외친다

나 똥!! 싸!!

## 세상에나 울 엄니

울 엄니 딸 다섯 내리 낳고
죄 지은 양 부끄러워 고개조차 못 들더니
세상 남부럽지 않게 여섯 번째로
의기양양 막둥이 아들 낳았더라
딸들 시집가면 암짝에도 쓸모없는 것들
마당에서 뛰어놀면 고무신 닳는다
아들 앞에 설라치면 아들 앞 가린다
딸들에겐 검정 고무신도 과분하지만
귀한 아들이라 이름 붙은 신발 사주더라
며느리는 별나라에서 온 천상계 손님
딸들이 쥐여준 생일 축하 금일봉은
며느리 호주머니에서 삐죽 고개 내밀고
느그 년들 내 며느리한테 말 한마디만 해 봐라
으름장 놓으며 딸들 주댕이 단속하고
명절 제사 때 아들 내외 꼬빽이 안 비쳐도
일이 바빠 못 오는 것을 어쩌겄냐 감싸더니
울 엄니 혼줄 잡고 마지막 가시는 길
애절하게 아들 이름만 목놓아 부르더라

## 황사바람 부는 날이면


황사바람이 머리 풀어헤치고
동네 우물에 멱 감던 날
유령처럼 방을 빌리러 온
덥수룩한 수염 낯선 사내
낡은 짐바리 자전거엔
다섯 살 계집아이를 태우고
슬픔에 노상 절어 계신 아버지
기거하던 방을 바람처럼 비워주었다
사내는 오일장 센베 과자 장수였다
새벽 찬송가로 끼니를 질겅이고
한 방울 눈물 같은 딸아이
슬픔으로 세수시키곤 했다
울음으로 단장한 다섯 살 계집은
머리맡에 놓인 센베 과자를 벗 삼아
오일장 파장하고 아비가 올 때까지
하루해를 뜯으며 지친 날들을 넘었다
가끔씩 먼 데서 불어오는
한 줄기 바람이 있을 뿐
가지 끝에 매달린 철모르는

무화과 열매는 주름진 얼굴로
마른 수액을 힘겹게 빨아올리곤 했다
유난히 추웠던 그 겨울
행복했을 쓸쓸한 사내
바람처럼 살다 간 그 방엔
다섯 살 계집, 서러운 눈물 가득하다

# 눈 내리는 날

지구별에 내려와 구십 해 동안
짜디짠 사랑 핏줄에 남겨 두고
눈발 속에 총총 머언 귀향길에 오르신
울 할머니

읍내장 나들이에 사다준
노란 핀 단발머리에 꽂으며
할머니 죽으면 따라 죽을래
손녀딸 달콤한 말에 새끼손가락 걸고
니 시집갈 때까지 살믄 좋것다
아니 고추 손자 볼 때까지 살란다
죽음으로 삶의 소망을 심으셨던

꼬깃꼬깃 따뜻한 지폐 한 장
손녀사위 두 손에 꼬옥 쥐여주고
하회탈 주름진 얼굴 동구 밖까지
한없이 따라 나와 손사래 치시던
울 할머니

흰 고무신 곱게 신고 하롱하롱
하늘 가시던 날 흰 눈 내리고

## 하늘에 계신 울 아부지

예수님께 기도를 바칠 때에는
하늘에 계신 아버지를 부르며 기도하지만
나는 아무래도 예수님보다
진한 피를 물려준 울 아부지를 찾는다
울 엄니 지 애비만 꼭 빼닮았다고
지청구하지만 서른아홉에 세상 떠난
울 아부지 생각만 해도 아득해진다
고금도 총각 읍내 경찰서에 첫 발령 받아
친할머니 훤하게 생긴 아들 앞세우고
친구 찾아와 우리 아들 잘 부탁허네
말이 떨어지기도 전에 울 아부지
첫눈에 반해 방앗간 집 사위되었다
신혼도 잠시 5·16쿠데타에 군대 미필로
밥그릇 댕강 잘려 장모님 엄명으로
처갓집 방앗간에서 쌀가마 나르다
식솔 데리고 광주로 줄행랑쳤다
좌판에 생선 장수 나선 서른한 살 울 엄마
고등어만큼은 기똥차게 잘 팔았던 울 아부지
만 원에 다섯 마리 팔라는 엄마 말에

만 원에 열 마리씩 파는 재간을 보였는데
고등어 완판으로 생선 장수 망해버렸다네
도둑처럼 식솔 끌고 바닷가 마을에 이사해
낮이면 책 보고 밤이면 낚시질 절대적 룸펜
울 아부지에 기댄 억새풀 같은 울 엄니
살아서 고무신 한 짝 못 얻어 신었다고
여든이 넘도록 투덜투덜 주름진 입 삐-죽
서른아홉 애기가 세상을 뭘 알았겠냐고
엄니는 아부지보다 곱절이나 더 살았다고
뒤늦게 하늘로 찾아간 울 엄니 울 아부지 만나
고무신 한 켤레 사준 적 있었냐고
속없으니 늙지 않았다고 지청구하실까

# 이상한 가족 모임

외갓집 형제 모임에 꼽사리로 끼었다
식사를 마치고 슬슬 이야기를 나누는데
돌아가신 외할머니가 주인공이다
마치 간증이라도 하듯 둘째 오빠가
할머니와 있었던 에피소드를 말하면
모두들 할머니를 추억하는 제 보따리 풀어
일제히 할머니! 하고 눈물 콧물 찍는데
셋째 넷째 다섯째 여섯째 오빠들 다투어
할머니 사랑 간증하듯 이야기를 풀어놓고
그때마다 일흔 넘은 사내들이 할머니! 하고
단체로 꺼이꺼이 할 때 옆방에는 며느리들 모여
또 운다고 울보들이라고 흉을 낼 때
일흔 넘은 셋째 오빠 서울살이 서러운 이야기
급기야 서로 엉켜 꺼이꺼이 보듬고 운다
할머니 부흥회가 열린 듯 넷째 오빠 다락방에서
할머니 유품 화장 경대와 참빗을 들고 나오자
일제히 할머니! 할머니! 단체로 굵은 울음 운다
독실한 가톨릭 신자 셋째 오빠 꺼이꺼이 울면서
할머니 1번 예수님 2번 제 설움 녹여 말할 때

예수님도 질투하셨겠지만 오로지 나만의
할머니라 믿었던 나도 살짝 질투가 났다
이상한 가족 모임은 할머니 회갑연 비디오를 보며
할머니 피가 통하는 추억 젖은 붉은 눈으로
화면 속 젊은 할머니를 목 놓아 부르며
부끄럼 없는 울음 울면서 끝이 났다

## 관음죽


남청색 분盆 눈에 들어
옮겨 심은 관음죽

한집에 살면서도 식솔임을 잊고
건성으로 띄엄띄엄 물이나 주었지
세심한 눈 맞춤을 잊었는데
어느 사이 허리춤에 새순 올라와
어엿한 가장家長되어 있다

생명을 틔우려 얼마나 애태웠을까

배 안 곯고 사는 것이 젤이여
시상에 느그들 배 안 굶길라고
도둑질만 안 하고 다 해 봤어야
젖무덤을 빨던 네 마리 새끼들
우주에서 가장 환한 빛이라고
열 손가락 마디마디 굽은 것쯤 별거 아니라고
세상을 깨우쳤을 남루했던 생生

한 끼 밥에 목숨 걸며
내 등짐만 무겁다 외면했던 무심함
젖은 눈으로 관음죽 바라본다

## 그 여자는 둥그렇다

그 여자는 둥그렇다
말도 몸도 생각도 둥그렇다

세상에 단 하나뿐인 아들은 그 여자의 종교
세 살 난 손녀딸은 세상에 둘도 없는 천재
지구는 네 사람만 사는 행성인 줄
착각하는 그 여자

딸이 셋이나 있으면서도 일찍 날려 보낸
두 딸 그리워하고 모두 살아 있으면
딸이 다섯일 거라 손가락 꼽으며
죽은 딸들 나이 세다가 딸네미들
아무 소용없는 것들이라 우기는 그 여자

딸들에게 김치 된장 생선 멸치 새우
마늘 다진 것까지 바치고도
자존심마저 내려놓고
죄인처럼 둥글게 미끄러지는 그 여자

요즈음 심기가 불편하다
그 여자 몸에서 둥글게 쏟아지는 것들이
나를 발효시키기 때문이다

폐차장에서 쏟아지는 유리 파편처럼
제 몸 우수수 부숴지면서도
비수 하나 갖지 못하고
둥글게 둥글게 쏟아지는
·그
·여
·자

# 전어밤젓

병상에 누워 누렇게 뜬 당숙 전어밤젓을 먹고 싶다 한다
내장을 푹 삭힌 전어밤젓 따뜻한 흰쌀밥에 비벼서
송송송 땀 흘리며 밥 한 끼 먹었으면 소원이 없겠다고

그 작은 몸뚱이의 창자가
맛있으면 얼마나 있을까
등 푸른 생선이라 쫀득한 살점이
미각을 돋우는 데 제일인데
이런 생각을 하다가
그물에서 건지면 후다닥 죽어
싱싱한 내장을 주고 싶어
무던히도 애간장이 녹아
쫀득쫀득 미각 돋우는 것인가

근심이 잔가시 되고 작은 몸뚱아리 살점 뜯겨져
살점이고 내장이고 버릴 것 없이 푹 삭아버린 늙은 어머니
당숙은 전어밤젓 비벼서 어머니 속으로 들어가고 싶었을까

# 그해 겨울

그해 겨울 쓸쓸한 마파람은
오백 원짜리 지전紙錢을 사납게 낚아챘다

그날 저녁부터 굶었다 사흘 동안

퉁퉁 부은 눈을 한 언니는
뒤주 속 보리가 되고 싶었다
식구들 뱃속에 들어가 푹 퍼지고 싶었다

끝내 보리가 되지 못한 언니는
겨울바람 속에서 기침만 콜록거렸다

# 막다른 골목에 길이 환하다


지상의 막다른 한 생生
무성했던 초록의 닻 내려놓고
바람에 이끌려온 낙엽의 시간
몸 위로 낯선 발자국들 지나가고

흐르는 땀방울 거름 삼아
팔목 힘줄 세워 삽질할 때마다
땅뙈기 늘고 식솔도 늘어
손가락 마디마디 꽃이 피어났다

이끼처럼 내려앉은 슬픔
온몸 서럽도록 울음 돋았던 기억
세상을 지우고 추억을 지우는 시간
홀로 적막한 고요에 익숙해질 무렵

나를 기다리는 건넛마을
또 다른 세상으로 강江을 건너간다
막다른 골목에 길이 환하다

# 거룩한 한 컷

그 겨울의 끝을 걸어서
마침내 당도한 거룩한 한 컷

단단한 땅에 잔뿌리 내려
한 무더기 꽃으로 환하게 피어났다

지난 계절 경계가 모호한 곳에
상처로 자주 흘렸던 피
해충에 물려 군데군데 딱지 앉은 흉터

몸에 흘러 숙성된 무수한 반성이
초록 피붙이 한 소쿠리 돋아났다

아빠가 자라나 할아버지 되고
엄마가 자라나 할머니가 되었다

피 흘러 흘러 앉은 가족사진
찬란하고 거룩한 한 컷

어제와 오늘 그리고 내일로 흐를

**제3부**

# 참회록

오롯하게 받아들여지지 않고
변두리로 밀려나 상한 마음에
개 밥그릇 화풀이 삼아
발길질하고 돌아설 때

산그늘에 앉아 있는 당신과
마른 풀더미 아래 눈꼽 매단 채
아랫도리를 내놓고 부끄럼 없이
마알간 눈으로 꼬리 흔드는 강아지들

무심한 강물처럼 흘러갈 수 없었을까

어린 것들 오줌 받던 등줄기 후끈해지고
겨드랑이 유선이 찌르르 저려와
죄지은 마음 두고 참회록을 쓴다

# 손톱을 깎아야겠다

어느새 자라

거추장스러운 손톱

옷을 벗을 때나 입을 때

아들을 껴안거나 할 때

이유 없이 날카롭다

흰 머리칼 돋느라 간지러워

뒤통수를 긁을 때에도

온 머릿속을 할퀴어 놓는다

손톱을 깎아야겠다

날카로움은 흉터를 남기므로

# 무서운 것이 많아졌다



무서운 것이 많아진 요즘
커피값 전기요금 버스비 기름값
핸드폰이 먹통 될 때도 무섭다
만만한 게 참 많았는데
무서운 게 많아졌다

곶감을 먹다 씨에 부딪힌
앞니가 얼얼하다 치과에 가려니
좋아하던 곶감이 무서워졌다 정확히 말하면
곶감이라기보다는 돈이 무서운 것이다

세상에 들이댈 힘을 잃었다

내가 순해졌다
차 운전도 순하게 한다
걸음도 조신조신 목소리도 부드럽게
눈도 부릅뜨지 못한다

순해진다는 건 힘을 잃었다는 것

# 퇴근길

지친 몸 이끌고 퇴근하는 길
차창 밖에 쏟아지는 한 무더기 별,
형형색색 내걸린 수만큼이나
많은 이웃 불빛 중에 외로움 내건
내 등불 희미하게 걸려 있다
청암대학 앞 포장마차에서
김밥과 핫도그로 끼니를 넘긴다
늘상 허기를 채우며 반복하는 삶은
환한 등꽃이 되었다가 어느 날은
시린 어깨를 움츠리고 찾아온다
생生 언저리 어디쯤엔 잠깐이나마
빛나는 내 삶, 걸려 있을 거라 생각하며
마음속 깊숙이 넣어 둔 그리움
꺼내 씹으며 액셀러레이터를 힘껏 밟는다
집으로 가는 길에
등 굽은 새우달이 따라와주었다

## 하수구를 뚫으며


하수구가 막혀 물이 빠지지 않는다
'뚫어펑'을 부어 달래 보지만
오수가 치밀고 오르는 것 막을 수 없다
목메어 삼킬 수 없는 단단한 마음
시퍼런 날 숨기고 참았던 것들
부아 치밀어 오른 것이리라

죄지은 곳 어디쯤 가만 더듬어 본다

그대에게 가는 길은 멀고도 어려웠다
스밀 수 없는 가슴 그대에게 멍들어
흉터가 아무는 자리는 늘 가렵고 따가웠다

너를 중심에 두는 것
외롭지 않게 하는 것
선잠 들라고 무릎을 내어주는 것
막힌 하수구 물이 빠져서야 알게 되었다

## 꽃게 밥상


꽃게가 제철 살아 있는 꽃게를
사러 간 새벽 수산 시장
바다를 향한 꽃게들 잠들지 못하고
부러진 집게발 들고
서로 물고 물리며 탱탱하다

도마 위에서 벗어나겠다고
버둥거리는 거센 몸부림
칼등으로 내리칠 때
손끝에 전해 오는
살아 있는 것 최후를 느낀다

싱싱하게 버텨야
더 달콤한 국물을 우려낼 수 있지
딱딱한 몸을 꼭꼭 씹는
다정하고 성스러운 밥상

집게발 부드러운 속살 쪽쪽 빨며
꽃게처럼 버둥거리던 생生

한 끼 밥이 된 엄니
달콤하게 쪽쪽 빨던 생각이 난다

## 곶감을 말리며

감이 풍년이다 가을 햇살 비추는
앞집 처마에 대롱대롱 알몸을 드러낸
감 처녀 행렬이 장렬하다 곶감으로 숙성되는
대봉시를 보니 갑자기 곶감을 만들고 싶어졌다

감을 깎는 손이 찐득찐득하다
떫은 몸에서 진득하게 배어나는 피

단맛을 내려면 견디고 인내해야 한다
오로지 과육에 배어드는 단맛을 위해
알몸을 드러내는 것쯤 수치가 아니다
바람이 다니도록 길을 만들고
서로를 안거나 어깨동무해서도 안 된다

혼자가 아니라서 다행이다
아우슈비츠 비르케나우 악명 높은
유대인 수용소가 아니라서 다행이다
죽어 가는 것이 아니라 누군가를 위해
익어 가고 있기 때문이다

가을을 담아 주황 투명하고 말랑말랑한
몸뚱이에 온통 허연 분이 올라오면
달짝지근한 맛을 내는 곶감이 된다
비로소 잘 익은 단정한 사람이 된다

곶감도 사람을 닮았나 보다
잘 익은 사람은
가을처럼 말랑말랑 달짝지근
단정하고 투명한 맛이 난다

# 서울 가는 길

전라선 무궁화호 기차를 타고
서울 가는 길, 학구역 괴목역 구례구역
남원역 임실역을 지나간다
기차에 몸을 실은 사람들
커피 마시고 찐 계란을 먹으며
오징어 질겅거리고 화장실 다녀오는 동안
기차는 수많은 정거장을 스쳐 간다
고단한 몸 잠시 머무는 사이
한적한 역사驛舍 비어 있는 긴 의자에 내려앉아
키 작은 나무와 풀에게
다정한 눈길 보내고 싶지만
기차는 외줄기 철길을 달려야 한다
기차 안에서 스쳐 간 인연을 기억하고
오래 함께 머무르고 싶었던 사람들 생각하며
얼마나 많은 정거장을 거쳐야
종착역에 다다를 수 있을지 헤아리면서
기차는 한 무리 생生을 싣고 외줄기 철길을 가르고
나는 기차에 몸을 실어 서울로 가고 있다

## 구부러진 곡선에 세 들어 산다


봄을 벼르다 꽃가게에 들렀다
봄꽃 향연 한창인 노랑 분홍 초록
꽃구경 해찰 맘껏 부리다가
달랑 이파리 몇 개 매달린
어설프고 볼품없는 화분을 들고 나섰다

구부러진 것에 왜 마음이 닿았을까

직선을 걸어온 사람보다
굽이굽이 고개 돌아 구부러진 길을
걸어온 사람 시접이 넉넉한
엉성한 사람을 좋아한 까닭이리라

구부러진 곡선에 세 들어 산다

요사이 새잎 달고 싱싱하다
말 걸고 눈인사 나눴던 대답이리라

## 두드러기를 추억함


계절 바뀐 탓인지 두드러기가 도져
몸이 가렵다 잊을 만하면 나타난 헤어진
애인처럼 온몸에 세계 지도를 그린다

온몸 가려워 징징 우는 손녀딸
큼큼하고 어두운 측간으로 데려가
할머니는 당신 신神께 경건한 주문 외우고
발가벗은 작은 등에 휙휙 소금 뿌리며
칙칙하고 퀭한 측간에서 등을 쓸어내린다
입에 물려준 오징어 다리 질겅거리며
뻣뻣한 빗자루 감촉을 견디는 동안
신기하게도 두드러기는 약발을 받았고
체하거나 배탈 나면 물 한 그릇 놓고
당신 신께 경건한 주문 외우고
훼스탈 대신 울면서 마셨던 툽툽한
된장 물 신기하게도 배탈은 나았다

주술 마법사 같았던 할머니와
나의 신화를 추억하며
약 처방을 받아 병원 문을 나선다

## 참깨 밭에서

새벽 먼동보다 먼저 일어나
소변 통 머리에 이고 와 참깨 밭에
오지게 거름 주는 갑진 엄니
깨꽃 같은 며느리 얻고 싶은 마음이 바빠
바가지로 퍼붓는 손길보다 마음이 바빠
해마다 같은 자리에 참깨만 심습니다
재작년 추석 차례상을 다부지게 차려 놓고
돌아설 때 못내 눈물만 떨구던
눈에 환한 부산 색시 기다리는 맘을
기다리다 타들어 가는 맘을
마흔 살 갑진이는 아는지 모르는지
바람은 언제 불어오려나
등줄기 땀방울은 칭얼대며 온 적삼을 적시는데
허연 잇몸 드러내고 웃는 참깨 밭에는
갑진 엄니 등허리만 굼싯거립니다

# 꽃이 진자리에 꽃이 피었다

어쩜, 손녀딸 저리도 낯익을까
목덜미에서 내려온 등허리 곡선
웃는 얼굴, 걷는 자태, 먹성까지
울 엄니를 쏘옥 빼닮았지 뭐냐
엄니 속 무던히도 태웠는데
내 마음 받고 싶어 환생하셨을까

사방 천지에 꽃은 피어 화려한데
당신과 함께 웃던 꽃나무 아래 환한,
웃음 떠올라 비로소 여의었음을
떠나지 않았기에 이별인 줄 몰랐다

꽃이 진자리에 꽃이 피었다

가난한 피를 나눈 것들
왜 눈물 없이는 생각할 수 없는 걸까
당신 가슴에 함부로 쏘아버린 독화살
철철 흘리는 피 처연히 홀로 닦던 당신,
그래도 되는 줄 알았다

국밥을 먹다가 울컥,
짜디짠 눈물 목구멍으로 넘긴다
쏟아지는 것들, 어디 국밥뿐이랴

# 시를 쓰다가


시를 쓰다가 말문이 막혔다
인생의 막다른 골목 지상의 끝으로
밀려날 때 나는 어떤 생각을 하게 될까
딱히 할 말은 생각나지 않고
자꾸만 헛생각이 든다
대장암 시한부 6개월 선고를 받은
울 엄니 하느님께 기도할 때
하느님 아직 건사해야 할 자식이 있으니
저에게 5년만 시간을 더 주십시오
아버지의 딸 간절히 기도합니다
아니 신神께 간절히 떼쓰는 소리가 들린다
5년을 더 주면 뭐 할 건데
1년 공공근로 쓰레기를 주우면 200만 원 되니
천만 원 모아서 둘째 딸 주고 싶다고…
더 이상 말려날 곳 없는
시한부 늙은 과부가 젊은 딸을 걱정하는
소리가 내 뿔을 들이받는다
이왕 10년을 더 달라고 떼쓰지 5년은 너무 짧네
엄마의 뿔을 들이받고 문을 나섰다

눈 쌓인 아파트 응달에 쨍하니 날선 얼음 누워 있고
쓰레기장 모퉁이에 야~옹 야~옹
먹이를 찾는 길고양이 눈 번뜩이고
지상 끝자락에서 해야 할 말 여태 찾지
못하고 눈 위에 꾹꾹 발자국만 내고 있다

## 좌판에 누워

여수발 무궁화호 새벽을 달려와
역전장 좌판에 몸을 부렸다
꽁꽁 붙어 체온을 데우던 고등어
속살 발라도 피 한 방울 흘리지 않고
버스 승객 내리듯 모두 떠났고
더러는 여수댁 객지에 자식 보내듯
댕강댕강 썰어져 팔려 나갔다
좌판에 누운 행색 마수걸이로 어림없어
가끔씩 온몸에 소금물 적셔 보지만
푸석푸석 속살 내리는 건
여수댁 아짐 속만큼이나 타들어 가고
우수리에 치어 슬쩍 덤으로 넘어가다
매듭 굵은 여수댁 손아귀에 잡혀와
삐걱한 허리 얼얼해 슬쩍 만져 본다
제 몸 얼음 녹여 타고 동해바다에
풍덩 헤엄쳐 갈 수 있으리라는 기대는
파장에 불어오는 쓸쓸한 바람 따라
흩어지고 어느 따스한 집 저녁상에
다정하게 몸 눕힐 곳 헤아려 본다

## 조문

눈발 날리는 거리를 지나
몸을 눕히기에는 아직 때 이른
서른을 갓 넘긴 동서에게 조문 간다
국화꽃에 싸여 활짝 웃고 있는 그녀
경계 너머 어디선가 보고 있을 것이다

엄마 잃은 풀 죽은 아이들과
병간호에 삭은 시동생 바라보다
배고픈 형제들은 눈물 한 줄기
손바닥으로 훔치며 육개장을 넘긴다

가는 연필로 금을 긋는 경계 사이

사람들은 왔다 가고
경계를 넘지 못한 사람들은
총총 내려와 길 배웅하고

제4부

# 걸레

음식물 쓰레기통 놓인 구석에
구겨진 채 말라버린 걸레
어쩌다 마른 명태마냥 물기를 잃었을까

처음부터 걸레는 아니었을 터
한때는 고운 볼 씻어내던
빛나는 날도 있었겠지
등허리에 흐르는 땀 받아내던
뽀송한 난닝구 환한 얼굴이거나

한 무더기 새끼들 땟국물 씻기고야
흐릿한 물에 비로소 지친 몸 헹구는
물기 잃고 너덜너덜해져 더욱 빛나는

## 직립보행

제 발로 걷는 일은
생生을 이끌어 가는 우주적 과제이다

쉰셋 그녀는 뇌경색 환자
중학생 딸을 집에 두고
온몸을 걸었다 걷기 위해
재활병원에서 홀로

누군가에게는 세상 쉬운
그러나 그녀에겐 가장 힘든 직립보행

넘어질 듯 넘어질 듯
아장아장 뒤뚱뒤뚱
환하게 빛나는 순간 불러와
한 걸음 한 걸음 무거운 발을 옮긴다

지팡이 없이 걷기 위해
세상에 홀로 서기 위해

직립보행의 꿈을 위하여
그녀는 새로운 문명을 열기 위해
세상에서 가장 쉽고 가장 어려운 일에
온몸을 걸었다

## 도다리 매운탕


무슨 역마가 그리 깊어 큰애기 때부터
엄니 심부름으로 한복 치마 저고리
어깨에 걸치고 이 집 저 집 배달하다
문득 부아 치밀면 보따리 싸서
이웃 동네로 내빼더니 경상도 사내
꼬임에 넘어가 난생처음이라는 경상도

홀어머니한테 시집간 지 삼 년
힘센 신랑 미더덕 농사 잘 되어
공장 짓고 큰 부자로 소문났드만
선장 각시랑 바람난 남편 뒤로하고
삼 년 만에 보따리 싸들고 온 그녀

내 시름 한 보따리 들고 찾아가면
상처 헤집어 아까징끼 발라주고
넉넉한 귀로 보듬어주던 주근깨 얼굴에
눈이 없어지도록 잘 웃는 그녀
절이 산에만 있는 것 아니드라
내가 사는 곳이 절이드라

시장통에 공양주 보살 되어
사람들 빈속 든든하게 채워주는

나이테만큼이나 풍상 겪은
살점 발라져 뼈만 남은 도다리 푹 고아
맛깔스레 우려낸 도다리 매운탕
내 빈속 든든하게 채워주던 그녀

## 앞집 총각 해병대


앞집에는 쉰 살이 넘은 총각이 산다
이름은 모르고 별명이 해병대이다
마을 사람들은 해병대에 가서
빠따를 많이 맞아 성질이 고약하다고
동네 술꾼들과 술주정이 많다며
쉬쉬하면서 슬슬 피해 다닌다
해병대 다른 형제는 도시에서 살고 있는데
경제권을 움켜쥔 팔순의 아버지가
큰아들 아파트도 사주고
작은아들 집 사는 데 보태주고
딸들에게도 뭔가를 보태줬다고 하는데
막내 해병대한테만 밭 한 떼기
주지 않고 일만 시킨다고
농막이라도 지어줘야 하지 않겠냐고
마을 사람들이 수군수군한다
허리 수술하러 서울 갔던 엄니가
돌아가셨을 때도 가족들은 해병대에게
엄니가 죽었다는 말을 전하지 않아
나중에 엄니가 돌아가셨다는

얘기를 듣고 꺼이꺼이 울면서
이십 리 길을 걸었다고 한다
해병대는 아침이면 일찍 일어나
남보다 먼저 경운기를 끌고
마늘농사 고추 농사를 짓는
팔순의 홀아버지랑 둘이 사는
해병대는 식사 때가 되면
아부지 밥 묵으란 말이요 하다가
술 먹고 온 날이면 동네 떠내려가는 소리로
니미씨발 좆 같은 세상 하다가
내가 좋아한단 말이여 이년아!
사람 소리가 안 들리냐며
앞집 사는 정희에게 딱한 고백을 하기도 하고
때로는 시골 경찰이 왔다 가기도 하고
어쩌다 마주치면 쳐다보지도 못한 채
먼 산을 보며 날씨가 좋소 하며 인사도 전한다
나는 해병대에게 밭떼기를 얼마간 줬다는
농막에서라도 색시랑 신접살림을 꾸렸다는
고대하던 소식을 듣지 못한 채

간경화로 죽었다는 해병대의 부음을 듣는
소슬한 가을 어디 맘 둘 곳 없어 쓸쓸했다

# 입춘

장작개비 같은 몸뚱이 요양병원에 부려 놓은
김 영감 방구석 빗자루처럼 헛헛한 생生
젊어 아내 잃고 사귄 김 여사 아들 반대로 헤어지고
밤낮 소처럼 일해 특용 작물로 일군 재산
아들한테 몽땅 주고 딸들에게 한 푼도 주지 않아
딸들 안부 전하지 않고 소식도 없어도 두 딸 얘기에
황소 같은 눈에 주르륵 흐르는 눈물
똥구멍에 힘을 잃어 말 자지라 말똥을 싼다고
바보야 딸은 주워 왔냐 딸도 조금 주고
김 여사랑 살 돈 만들어 놓고 아들 줬어야지
이 바보 멍충아!!! 간병여사 타박에도
전봇대만큼이나 큰 키 눈만 껌벅껌벅
때깔 잃은 갈치처럼 길게 누워 있는
돌아가면 김 여사랑 사랑하고 싶다는
입춘을 기다리는 김 영감 봄소식은 더디고

# 우리들의 블루스

5학년 여학생 반 총각 담임선생님
지각생이 없었던 우리 반
선생님이 큰 소리로 화를 내도
우리 보고 똥덩어리! 라고 놀려도
때로는 단체 기합에 벌을 주어도
짐짓 겁먹은 척 씨알도 안 먹혔다
전화 교환원과 데이트했다는
소문이 돌던 대낮같이 환한 밤
학교 파하고 집에 갈 생각도 안 하고
몇몇 아이들 모여 있을 수 없는
일이라며 밤늦도록 흥분했었다
누군가는 선생님이 되겠다고
누군가는 현모양처가 되겠다고
누군가는 가수가 되겠다고
누군가는 엄마가 되겠다고
사뭇 진지하게 부푼 희망을 말하는데
친구들 희망이 시시해진 나는
을 엄마에게 듣던 가장 훌륭한 말
여판사가 되겠다고 큰 소리로 말해서

친구들에게 박수를 받았던 때
또래보다 네 살이나 많던 영순 언니는
마량 앞바다에 빠져 죽어
선생님을 잡아먹는 귀신이 되겠다는
장래 희망을 조용히 말할 때
낄낄낄 우리들의 웃음소리는
교문 넘어 앞바다를 달렸다

# 유월

그러니까 우리는 유월이 되면
공산당을 물리치자 목청을 높였고
공산당이 싫다는 표어 포스터를 그렸다
공산당은 우리를 매수한다 멋진
표어로 승자는 상을 받지 못했고
총각 선생님은 웃으며 말이 없었다
자고 나면 담벼락에 공산당을
쳐부수자는 이야기가 도깨비처럼
빨갛게 파랗게 돋아나던 그믐밤
승자랑 미희랑 콩을 볶아 나누며
하나 둘 셋 콩알을 세다가
콩 개수가 적다며 토라진 미희
집으로 가버리던 칠흑 같은 밤
우리 콩 다줄게 가지 말라고
승자와 둘이서 손을 싹싹 빌었던
돌멩이를 나르자 영치기영차
싱글벙글 김영식 총각 선생님
어깨를 들썩이며 풍금을 치며
우리들의 노래는 교문을 넘어가고

선생님을 놀려대며 목청껏 노래 부르던
키 작은 참깨 여물어 가던 유월

# 진순이

한솥밥을 먹은 지 두 돌이 지난 진순이
아직 암컷의 몸엣것은 보이지 않고
허리가 가늘기만 하다 살 오르지 않아
그놈의 가는 허리 때문에 늘상 지청구
복날 팔리지도 못한 채
눈꼽만 주렁주렁 할 일 없는 진순이
말라붙은 똥덩이와 씨름하고 있다
축 늘어진 젖가슴 때문에 걷기도 불편한
옆집 해리 새끼들과 마실 오는데
진순이 눈가 왠지 축축해지는 것이
구랑실 아짐 홀로 저녁상 물리는 것 같아
쓸쓸하다 눈만 뜨면 바라보는 마당 귀퉁이
감꼭지 하루가 다르게 굵어지는 씨알들
쳐다보는 것도 이력이 난 듯하고
쭈그렁한 등가죽에 붙은 성긴 터럭은
딱지 얹은 비듬처럼 떨어질 줄 모른다
입맛 없어 냄새만 핥다가 밥 그릇
빼앗기는 일은 그럭저럭 견딜 수 있으나
바람처럼 해리 녀석 왔다 가면

드러낼 수 없는 시샘에 더운 입김 내뿜으며
한 번 으르렁 짖어 보는 수밖에
살갗 쏘아대는 초겨울 바람에 털끝 가늘어져
성글어 가고 진순이 겨울은 깊어만 간다

# 멸치

시커멓고 씁쓰레한 멸치 똥 싫어
도시락 반찬통 멸치볶음
하굣길에 몸 서로 부대끼며
집으로 돌아왔다 그래도 울 엄니
똥도 약이라고 만만한 멸치 반찬 좋아하셨지

바다에서 갓 건져 올린 멸치
놀랄 틈도 없이 뜨거운 물에 데쳐져
바다 물빛 머금은 몸뚱이
은빛 싱싱함이란
쫄깃한 육질 등뼈 빳빳하고
똥은 시커멓지 뭐냐

등뼈 휘어진 채 병상에 누워 쓸쓸한
뼈대 있는 왕족의 품위를 지키라는 옹주
우아했던 전주 이李씨 울 할머니
뼈대 굵은 내 팔목 맘에 들지 않았던
단 한 번만이라도 여리여리하고 싶었던

뼈대 있는 가문의 후예라나 멸치처럼

볼품없는 몸뚱이라지만 나름 뼈대 있어
제 몸 우려내어 자식들 피와 살로 돋아난
시커멓게 속 탔을 멸치 똥 같은 울 엄니
생각나는 오늘 밤 한 줌 멸치 되어
주머니 가벼운 사람 다정한 술안주나 될까

## 상냥한 그녀의 모국어


영어 시간에 알파벳 대신
토끼만 그렸다는 전설에도 불구하고
중학교까지 마쳤다는 그녀
휘어진 손가락으로 꾹꾹 눌러 쓴
우채보 아자씨 녀그다가 너시오잉
대문 앞 낡은 프라스틱 통에 걸려 있는
다정하고 친절한 엄마의 모국어

내가 태어나서 말을 배울 때나
받아쓰기 하며 맞춤법을 익히고
대학에서 국문학을 공부하면서도
상냥한 그녀의 모국어를 빨며 자랐다는
사실을 까맣게 잊고 있었다

금곡사에서 짜장면 집 과부랑
결혼식을 하다가 그만 외할머니 들이닥쳐
미수에 걸렸다는 외할아버지 내력과
비엔나 소시지처럼 줄줄한 조카들
오줌 받아내던 울 엄마 흥건한 등짝

참, 쓸쓸했던 엄마의 창세기적 문맹
맞춤법 틀린 촌지 봉투 부끄러웠던
상냥한 그녀의 모국어

# 혜정이

나를 두고 남편과 혜정이는 서로 잘 안다
혜정이는 남편이 알아서는 안 될
내 특급 비밀을 너무도 많이 알고 있어
내가 부서지는 것은 순전히 그녀 입에 달렸다
남편과 혜정이는 가깝고도 먼 그런 사이다
끝까지 남의 편인 남편은 수없이
내 뿔을 들이받아 맘속 강이 흐른다
팽팽한 뿔싸움 끝 늘상 나는
비겁한 후퇴 전략을 구사한다
그날도 남편의 뿔을 바로잡으려 밤새
몸을 뒤척이다 담을 넘었음이 분명하다
문딩이 자슥 장가 잘 간 줄도 모르고
뭔 지랄이여 내 뿔에 흐르는 피를 닦아주며
혜정이는 내 겨드랑이를 살살 긁어준다
어린 양 되어 고해성사하듯 남의 편 죄를
고백하는 목구멍에서 튀어나오는 오물들
삐삐삐 ~~ 혜정 씨!!! 그러기요
친구가 왔으면 달래 보내야지
어디서 뭐하고 있소

성난 혜정이의 삐삐가 바쁘다
염병 즈그 각시한테는 암말도 못 하면서
혜정이 삐삐가 혼자 울던 그날 밤
우리는 머리에 헝겊을 길게 늘어뜨리고
프레디아길라의 아낙을 부르고
다이애나의 튜울립 원피스를 입고
왕세자비처럼 우아하게 패션쇼를 했다
아침 흰 쌀밥에 깍두기를 얹어주며
내 뿔을 어루만지고 부서진 마음을 긁어주며
그래도 혼자 있는 것보다 둘이 있는 게 나아
차진 마음 얹어주는 그녀 말에 뿔을 내리고
순한 한 마리 양되어 집으로 돌아갔다

## 저녁 노을

강 하류에 밀려온 고운 모래 알갱이처럼
지상에서 삶이 끝에 다다른 노부부
치매를 앓는 할멈은 울지 않겠노라
아들 며느리 손가락 걸고 요양병원 1층
다방에 앉아 있다 암세포에 뇌를 잃어버린 영감
코에 대롱거리는 링겔 호스 휠체어를 타고 나타나자

눈물 질척질척 밥을 먹어야 하는디 한 술이라도 밥을 먹어야 하는디 된장 국물에 뜨뜻한 쌀밥 한 그릇 영감에게 먹이고픈 할멈 들리지 않은 소리로 웅얼웅얼 침침한 눈에 눈물 그렁그렁 매달고 거친 손으로 간병여사 두 손 잡고 새우처럼 굽은 허리 숙여 곱게 절을 한다

기억을 잃어버린 영감 할멈 호주머니에서
삐죽 나온 손수건 붙잡아 할멈 얼굴에 흐르는
눈물 닦아주려 애써 보지만 맘대로
움직여주지 않는 손 가슴팍 언저리쯤
올라가다 내려오고 올라가다 내려오고
영감의 지친 손 허공을 닦고 있다

## 절골 풍경


실타래 같은 길을 따라
찾아간 지리산 자락
절골 마을
산수유 꽃망울은
동구洞口 밖 우물에 가득하다

사람 발길 끊긴 초가
색 바랜 마루엔
단소 불던 노인은 보이지 않고
꽃샘바람만 드나들며
벽에 걸린 족자만 흔들거리고

빈집 눈 녹은 마당가엔
갓 내밀고 올라온 민들레꽃
질펀히 엉덩이를 까고
옹기종기 수다 떠는 소리만
해 지는 줄 모르고 요란한 절골

## 자화상

공중목욕탕 대형 거울 속

한 여자

사우나를 마친 듯

수건을 목에 걸고

낯설지 않은 눈빛으로

날 무심히 바라보네

어렸을 적 보았던

울 엄니 모습인데…

# 기다림

여름 내내 마른장마

장독 모퉁이

키 낮은 여윈 콩깍지

후두둑

무심한 그대 오신다면

맨발로

톡 톡

숨 가쁘게 튀리라

해설

| 해설 |

# 시적 경로를 통한 삶의 오롯한 회상들

박철영 시인, 문학평론가

 가슴으로 품었을 말들의 실체를 본다. 오랫동안 그 말들은 세상에 흘러나오지 못했고 오직 화자의 몸 안에만 존재했었다. 드물게 발설한 말들이 하나씩 툭툭 터져 나왔을 때 저 가슴에도 할 말이 많았다는 것을 알았다. 동갑내기라서가 아니라 한동안 우리 곁을 떠났을 때도 더는 말을 하지 못했다. 사람 사는 것이 다 그런 것이고 또한 그렇게 흘러가는 것이려니 하였다. 긴 세월 동안 장애선 시인이 어떻게 살아온 것일까를 가늠해 볼 기회가 있었다. 불쑥 내민 시에 담긴 가족의 애달픈 서사가 길고도 마음 아팠지만, 건너온 말들은 딱히 그런 것도 아니었다. 이제 담담하게 흘러든 삶의 시간을 회상하고 아련하게 밀려오는 원망마저 그리움으로 소환하고 있다.
 우리는 알게 모르게 변화하면서 성장과 부침을 거듭한

다. 장애선 시인도 살아온 동안 상처와 좌절을 겪었지만, 잘 극복하여 현재에 이른 것이다. 그런 정황을 말해주는 시들에서 살펴볼 수 있는 가족에 대한 정감은 그래서 더 소중한 것인지 모른다. 그 눈빛으로 살가운 손녀를 바라보는 마음은 시집 전체를 관통하는 가족에 대한 온정 깊은 단초를 말해준다.

우리는 혈연이란 가치를 중히 여기며 끈끈한 공동체를 형성해왔다. 장애선 시인은 시를 통해 이상적인 세계에 대한 상상력의 구축이 아니라 현실과 가장 밀착해 있는 자신의 실존에 영향을 끼친 가족사를 신화처럼 구술한다. 현대인들의 근원인 가족 공동체의 원형이 언젠가 사라졌을 때 복원되었으면 하는 바람이 담겼을지도 모른다. 시를 도구로 사용하려 한 시인의 구체적 실천도 희망 같은 욕망일 수 있다. 삶의 본질일 수 있는 살고 죽는 것에 대한 숭고한 인식을 의식하며 소멸로 사라져선 안 될 것의 안타까움을 밑불처럼 살려내고자 한 마음도 아름답다. 우리에게 잊혀 사라질 시간을 통해 소중한 것이 무엇인가를 생각하게 하는 시들에서 공감하는 바도 크다.

>  어쩜, 손녀딸 저리도 낯익을까
>  목덜미에서 내려온 등허리 곡선
>  웃는 얼굴, 걷는 자태, 먹성까지
>  울 엄니를 쏘옥 **빼닮았지** 뭐냐

엄니 속 무던히도 태웠는데
내 마음 받고 싶어 환생하셨을까

사방 천지에 꽃은 피어 화려한데
당신과 함께 웃던 꽃나무 아래 환한,
웃음 떠올라 비로소 여의었음을
떠나지 않았기에 이별인 줄 몰랐다

꽃이 진자리에 꽃이 피었다

가난한 피를 나눈 것들
왜 눈물 없이는 생각할 수 없는 걸까
당신 가슴에 함부로 쏘아버린 독화살
철철 흘리는 피 처연히 홀로 닦던 당신,
그래도 되는 줄 알았다

국밥을 먹다가 울컥,
짜디짠 눈물 목구멍으로 넘긴다
쏟아지는 것들, 어디 국밥뿐이랴
—「꽃이 진자리에 꽃이 피었다」 전문

 화자의 명랑한 표정과 따뜻한 마음이 만나는 지점을 말해주는 시가 먼저 눈에 들어왔다. 꽃이 피었다 진 자리에 다시 꽃이 피는 것을 보며 계절의 변화를 알게 된다. 그래서일까? 사람들은 충동처럼 밀려오는 봄기운에 들떠 꽃이 핀 그곳을 설레는 마음으로 찾아간다.

우린 살면서 아이들의 자라는 모습에 때론 놀라는 경우가 종종 있다. 가족을 이뤄 자녀가 성장하여 장가를 보내고 그 아들이 데리고 온 손녀가 왠지 낯익어 반갑고 신기한 것이다. 마치 자신의 혈연 중 누군가를 보듯 아이가 하는 행동이 판박이처럼 같을 때 감동은 말로 표현할 수 없다. "어쩜, 손녀딸 저리도 낯익을까/목덜미에서 내려온 등허리 곡선/웃는 얼굴, 걷는 자태, 먹성까지/울 엄니를 쏘옥 빼닮았지 뭐냐/엄니 속 무던히도 태웠는데/내 마음 받고 싶어 환생하셨을까"라며 화자의 생전 엄마를 빼닮은 손녀를 한참을 바라본다. 화자는 그토록 후회하고 있는 엄마에 대한 못 해 드린 사랑을 얻고 싶어 혹시 엄마가 손녀로 환생한 것인가 싶어 가슴이 아리다. 거기다 손녀도 화자를 닮아 엄마(며느리)를 힘들게 하는 것은 아닐까 하는 염려도 앞선다. 유전적인 혈연의 피내림은 모질고 진한 것이어서 쉽게 옅어지지 않는 것, 저 어린 몸속에서 점점 더 커질 고집스런 투정이 우려된 것이다. "당신 가슴에 함부로 쏘아버린 독화살/철철 흘리는 피 처연히 홀로 닦던 당신,/그래도 되는 줄 알았다"라며 가슴 짠한 일들이 더는 없기를 바라는 마음은 슬프고도 아름답다. 시를 통해 통절하게 다가오는 가을 어느 한때의 풍경도 애절하게 흘러가버린 사랑의 아픔인가?

멀리서 차 한 대라도 올라치면
뒷걸음치며 기다렸다 비켜 가는
기린초 노랗게 피어 있는 갈대숲 농로
육십 년쯤 함께 지냈을 법한
늙은 부부 잘 여문 곡식 알갱이
바람에 날리고 있다
언제 보았는지 멀리서
달려오는 차를 보고
할멈의 허리춤 잽싸게 낚아채
안으로 당기는 영감, 마디 굵은 손

비늘 반짝이는 송사리 떼 같은
꽃 같은 시간은 빛바랜 사진 속
이야기로 남아 있고 그대 향한 마음은
석양이 깊을수록 붉게 빛난다
뜨거움도 차가움도
세월에 걸러진 남루한 생生,
한 바퀴 돌아온 그대의
처음처럼 따스한 손

- 「가을 풍경」 전문

풍경을 통해 세상 안에 깃들어 기린초가 한 생 노랗게 피어 있는 길을 지나온 듯하다. 잠깐 스친 풍경을 지나치지 못하고 인연 같은 순간을 훔쳤을 따뜻한 마음을 본다. 마침 그 길에 팔십은 족히 넘어 보이는 부부가 걸어가고 있다. 그때 차가 달려왔고 "언제 보았는지 멀리서/달려오는 차를 보고/할멈의 허리춤 잽싸게 낚아채/안으로 당기는 영감, 마디 굵은 손"을 보게 된다. 할아버지의 손은 흡사 화자의 아버지와 같았다. 우연처럼 다가왔던 풍경이 가슴 찡한 아름다운 순간을 연출하였고 그리움으로 번져온 아버지를 소환하였다. 우리가 사는 세상은 홀로 거저 되는 법이 없다.

  갈맷빛 등때기 물빛으로 치장하여
  바닷새 입질에 온전히 제 살점 아껴
  짜지도 싱겁지도 않게
  짭조름 고소한 간이 배고
  한 놈이 다른 한 놈을 껴안고 누울 때
  비로소 한 손이 되는 간고등어

  그대 껴안는 일 참으로 힘들었던

  한심하게 열쇠를 들고도 문을 열지 못하는
  어쩌면 저리 철없을까 하다가도

없으면 안 될 것 같은

내 유전자를 가진 아이들을 나누고

아무 일이 없을 때는 시시비비 다투다가

간혹 이웃과 다툴 때는 한편이 되는

내 편인 듯싶다가도 남의 편에 서 있는

내 모든 것을 알아서는 절대 안 되는

남 흉볼 때 절대 말이 새지 않을 것 같은

세상에 둘만 가장 선善하고 정의로운


간고등어 한 손, 참 어처구니없는

  －「간고등어 한 손」 전문


  바다에서 잡힌 고등어가 몇 사람의 손을 탄 뒤 '간고등어'가 된다. 고등어의 속을 다 비워낸 뒤 한통속이 된다는 '간고등어'에 관한 이야기도 솔깃하게 마음을 당겨왔다. 욕망하는 모든 것은 스스로의 성찰뿐만 아니라 타자의 욕망이기도 해서 그 자체가 완전하지 못하단 변증일 것이다. 인간과 달리 한 생명체였을 고등어가 밥상에 올라오면서 생각이 많아졌다. 그 몸에 적당히 간이 밴 '간고등어'를 먹으며 화자는 고등어가 살아 "갈맷빛 등때기 물빛으로 치장"하며 충만했을 바다의 시간을 상상한다. 저 푸른 작은 몸으로 거친 파도를 그악스럽게 다독이며 용케도 생의 파랑을 넘나들었을 것이다. 잔잔하게 밀려오는 잔물결을 타고 놀다 포식당할 뻔한 위기도 수없이 넘겨 살아남았다. 생은 모진 것이어서 낚시의 미늘에 걸려 최후의 순간을 맞은 고등어다. 심해에서 만나지 못한 천상의 한 짝을 만나 한통속으로 절여진 '간고등어'를 보며 인생사를 되돌아본다. 내 평생에 항상 반대편에서 그토록 힘들게 하던 '남편', '남의 편' 같다가도 "간혹 이웃과 다툴 때는 한편이 되는/내 편인 듯싶다가도 남의 편에 서 있는" 모호한 간극은 쉽게 좁혀지지 않았다. 한통속이 된다는 것 "그대 껴안는 일 참으로 힘들었던" 것이었다며 수긍할 수 없는 삶의 단편을 살짝 들춰 보인다. 화자의 기억에서조차 아슴푸레하여 반짝이다 말아서 가슴에 묻어 둔 추억 속 생의 목록들은 다 열거할 수 없다.

> 구강포 한 점 물방울 번져
> 내 뼈 돋아나 몸이 부풀고
> 한때 핏줄이었던
> 젊은 아버지와 늙은 어머니
> 하롱하롱 흰 뼈 타고
> 하늘로 올라간 그곳
>
> 식솔 데리고 유자나무에
> 세 들어 살던 가난한 아버지
> 나무만 덩그러니 남은 터에
> 눈발 속에서 개똥쑥으로 돋아나

       핏줄 사라진 그곳에
       짜디짠 눈물 방울져 핀

       흩어진 동무들과 함께 밟던
       한없이 넓은 신작로
       철들어 보니 한 뼘
       내 속의 아이는
       할머니 걸어 나오시는
       환한 고샅길에서
       여직 설레며 놀고 있는 그곳

       -「강진康津」 전문


 거뭇거뭇하여 이내 사라졌다가도 잔바람에 예민하게 되살아난 것들 중 나고 자란 고향의 추억들이 그랬다. 이제 잊을 만도 한데 다시 생의 끝자락을 물고 놓지 않는 질긴 인연이 되어버린 고향에는 아무것도 남아난 것이 없지만, 외톨이 사랑으로 간직해온 기억들을 조곤조곤 끄집어내야 할 나이가 되었다. 화자의 고향은 전남 '강진'이다. 그곳에서 억세고 고달팠던 삶의 흔적들은 마냥 아름다운 것만은 아니다. 조선조 역사의 참혹한 폭정은 기어이 민중 저항의 물꼬를 트고 말았다. 다산 정약용이 당시 삼정의 문란을 보고 백성의 피를 토하는 참상을 차마 눈 뜨고는 볼 수 없었다는 「애절양」[1]의 땅이었다. 그 강진을 고향으로 둔 장애선 시인의 추억들이 꿈속처럼 불쑥불쑥 피어났다. 아버지의 뼈가 묻힌 그곳은 "구강포 한 점 물방울 번져/내 뼈 돋아나 몸이 부풀고/한때 핏줄이었던/젊은 아버지와 늙은 어머니", "흩어진 동무들과 함께 밟던/한없이 넓은 신작로/철들어 보니 한 뼘/내 속의 아이는/할머니 걸어 나오시는/환한 고샅길에서/여직 설레며 놀고 있는" 추억에 잠겨 있다. 부모님이 없는 살림 만드느라 고달팠던 생애에 꽃처럼 맺혀 태어난 화자는 유년기를 벗어나며 강진을 떠나왔다.

> 명절마다 울 엄니 검정 옷을 만들어
> 흰 웃음 지으며 검정을 입혔다
> 검정이라 싫어 꽈배기처럼 몸을 비틀어도
> 맏이라 가장 먼저 검정을 입는 내 몸
> 차라리 번데기가 되었으면
> 명절이 없었으면
>
> 빨랫줄엔 온통 검정이 휘날렸다
>
> 검정이 싫은 나
> 오늘 검정을 입는다

---

1) 「애절양(哀絶陽)」: 정약용의 시. 조선조 삼정 중 하나인 군정(軍政)의 문란으로 부패가 극에 달해 부당한 세금 징수에 항의하며 자신의 남근을 잘랐다는 참담한 내용을 담고 있다.

땟국물에 절어도 몸이 못나 보여도
검정이라 괜찮다 검정, 참 세련된

— 「검정」 부분

1960년대 이후 이야기다. 애잔한 그 시절, '입성'이란 말을 아는 사람들은 그리 많지 않았다. 세끼 밥 먹는 것도 어려워 입는 옷이란 것은 뻔한 단벌 옷들이라서 딱히 내세울 것도 없었다. 마침 새로 개발된 '다우다' 옷감 천이 한창 유행할 때가 있었다. 나일론 계열의 의류용으로 개발된 신소재로 옷을 만드는 데 안 쓰인 곳이 없을 정도로 다양하게 활용되었다. 속 내의에서부터 겉감까지, 거기에 일색으로 검정이 다수였다. 나중 차차 몇 가지의 색상 소재가 나왔지만 거의 원색에 가까웠다.

그만큼 모든 것이 단순한 사회였다. 1960년대 이후 여기저기 모두 살기 힘들다며 고향을 떠나가던 시절의 이야기이다. 화자의 어머니도 바다에서 먹고살기 위해 험한 일을 가리지 않았다. 어려운 살림에 아이들 옷을 사 입힌다는 것도 부담이었고 당신이야 그렇다 쳐도 그 당시 신소재인 '다우다' 옷감을 장터 포목점에서 떠다가 줄줄이 딸린 아이들 옷을 손수 지어 입힌 것이다. 그러다 보니 옷맵시가 살아날 리 없고 왠지 어색하기만 했다. "검정이라 싫어 꽈배기처럼 몸을 비틀어도/맏이라 가장 먼저 검정을 입는 내 몸/차라리 번데기가 되었으면/명절이 없었으면" 했고, 거기에 그 옷을 입고 학교에 가려니 까탈스러운 여자아이는 싫기만 한 것이다. 그마저 아련하게 그리워 코끝이 찡해진 것을 보면 엄마가 그리울 나이가 되었단 증표다.

"그 여자는 둥그렇다/말도 몸도 생각도 둥그렇다", "세상에 단 하나뿐인 아들은 그 여자의 종교"(「그 여자는 둥그렇다」)라고 믿는 엄마다. 사실 화자의 엄마만큼 둥글둥글 모나지 않게 사신 분도 근방에서는 보기 드물었다. 평소 하는 행동도 그랬고 생각도 둥글고 사는 것마저 둥글어서 어디 하나 모난 구석이 없는 엄마였다. 그런데 어느 때부터 둥근 마음이 바뀌기 시작한 것이다. 둥근 몸 안에서 빠져나와 서둘러 하늘나라로 간 딸 둘 때문이었다. 가끔 가슴 답답하다는 엄마가 그나마 위로로 삼는 것은 곁에 남아 있는 아들과 딸들에다 덤으로 얻은 손자다. 이들을 손으로 꼽다가도 문득 먼저 간 두 딸이 생각나 가시처럼 가슴을 콕콕 찔러대는 것이다. 그래서일까? 딸내미들 소용없다고 푸념하다 무슨 마음이 들었는지 없는 것도 구해다 내어주는 둥그런 엄마를 닮아가는 자신을 발견한다.

「명태」를 요리조리 만지다 요지경 같은 엄마의 삶과 닮았다는 생각이 들었다. 귀한 생으로 태어났으나 그렇지 못한 생을 살다 잡혀온 명태가 다양한 이름으로 불린 때문일까? "그물에 걸려 잡힌 망網태/재수 없이 낚시에 걸린 조釣태/함경도 연안에서 잡힌 왜倭태" 거기에 제 몸속에 든 것 다 들춰내야만 끝이 나는 생이다. "차가운 덕장에 발가벗겨 묶인 채/바람 속에서 몸뚱이가 노랗게 될 때까지/스무 번을 얼었다 녹아야 황태"가 된다. 그 끝은 아무것도 남아나는 것이 없었다. "가진 것 많아 오히려 쓰라린" 엄마의 생애가 꼭 그러하였다.

시 「도다리 매운탕」을 보면 당시 사람들은 순박해서 이것저것 따져 보지도 않고 눈 맞아 살림을 차렸던 모양이다. 요즘 세대처럼 꼼꼼하게 따지고 들며 남녀 교제를 하는 것도 모자라 일정 기간을 미리 정해 두고 어렵게 사랑을 하는 것과는 확연히 다르다. "경상도 사내/꼬임에 넘어가 난생처음이라는 경상도//홀어머니한테 시집간 지 삼 년/힘센 신랑 미더덕 농사 잘 되어/공장 짓고 큰 부자로 소문났드만/선장 각시랑 바람난 남편 뒤로하고/삼 년 만에 보따리 싸들고 온 그녀" 성정이 고분고분한 것이 아니어서 역마살 고집을 쉽게 꺾지 못했다. 사나운 팔자 액땜 다 하느라 시장통에서 갖은 고생 다한 뒤에야 고분고분해졌다. 그 사내 따라 살다 죽어라 고생만 하고 도다리 매운탕 끓여 살점까지 발라 밥 위에 놓아주던 그녀를 떠올리며 또 마음이 짠해진다. 인생사 돌고 도는 것이라서 그렇게 알고도 속고 사는 것, 허허롭게 속을 들어내며 살다 가는 것이 삶이다. 어차피 유한한 세상 풍월을 타고 단발령을 넘어가듯 훌훌 떠나가야 한다.

「막다른 골목에 길이 환하다」처럼 우리는 온전히 백 년을 채우지 못한 채 세상을 하직한다. 그러면서 천년만년

살 것처럼 하다 못 볼 일들을 다 당하며 산다. "지상의 막다른 한 생生", "몸 위로 낯선 발자국들 지나가고", "온몸 서럽도록 울음 돋"도록 고생고생하다 "세상을 지우고 추억을 지우는 시간/홀로 적막한 고요에 익숙해질 무렵//나를 기다리는 건넛마을/또 다른 세상으로 강江을 건너간다"라며 질곡에 찬 삶의 여정을 안타깝게 전해준다.

  감이 풍년이다 가을 햇살 비추는
  앞집 처마에 대롱대롱 알몸을 드러낸
  감 처녀 행렬이 장렬하다 곶감으로 숙성되는
  대봉시를 보니 갑자기 곶감을 만들고 싶어졌다

  감을 깎는 손이 찐득찐득하다
  떫은 몸에서 진득하게 배어나는 피

  단맛을 내려면 견디고 인내해야 한다
  오로지 과육에 배어드는 단맛을 위해
  알몸을 드러내는 것쯤 수치가 아니다
  바람이 다니도록 길을 만들고
  서로를 안거나 어깨동무해서도 안 된다

  혼자가 아니라서 다행이다
  아우슈비츠 비르케나우 악명 높은

유대인 수용소가 아니라서 다행이다
죽어 가는 것이 아니라 누군가를 위해
익어 가고 있기 때문이다

가을을 담아 주황 투명하고 말랑말랑한
몸뚱이에 온통 허연 분이 올라오면
달짝지근한 맛을 내는 곶감이 된다
비로소 잘 익은 단정한 사람이 된다

곶감도 사람을 닮았나 보다
잘 익은 사람은
가을처럼 말랑말랑 달짝지근
단정하고 투명한 맛이 난다

- 「곶감을 말리며」 전문

  매번 새롭게 단장하는 계절은 사람들을 지루한 일상에서 벗어나게 하는 기회다. 긴 여름 끝 단맛 밴 가을 대봉시를 소쿠리에 소복하게 쌓아둔 풍경이 풍성하기만 하다. 화자가 잘 익은 대봉을 보자 지난 추억들이 물안개처럼 피어 올랐다. 어머니 흉내를 내며 감 껍질을 벗겨서 곶감을 만든다. "감을 깎는 손이 찐득찐득하다/떫은 몸에서 진득하게 배어나는 피"로 변주되면서 오싹한 전율에 감전이 되고 만다. 대봉의 껍질을 깎아 처마에 매달면서 2차 대전 당시

처참하게 죽어간 유대인들이 생각났다. 독일군에 의해 발가벗겨진 채 고문당하며 "아우슈비츠 비르케나우 악명 높은/유대인 수용소"에서 생을 마감한 유대인들이 떠오른 것이다. 사실 장애선 시인은 오랫동안 문학 이외 역사와 교육 방법에 관한 연구 활동과 대학에서 강의를 해왔다. 그중 유대인의 학습에 관한 독특한 교육 방법에 대한 연구를 통해 『들어주고 인내하고 기다려주는 유대인부모처럼』(스마트비즈니스, 2018)이라는 유대인 자녀교육서를 출간하는 등 전문적인 교육 도서 집필에 전념했다. 유대인의 우수한 민족정신의 형성에 기인한 연구를 하며 자연스럽게 인권 의식으로 확장되었고 시적 인용으로 현현한 것이다. 문학은 직·간접의 체험을 통한 기회와 상상력의 산물임은 분명하다.

「벌초하러 가는 길」에서는 가족 중 한 사람이 빨치산으로부터 피해를 입었음을 알 수 있다. 1948년 '여순 10·19' 때 봉기한 군인들이 여순 토벌 작전에 패퇴하면서 일부가 지리산에 입산하면서 빨치산 활동이 시작되었다. 이후 1950년 6·25 남침으로 1956년까지 그 기간은 더 길어진다. 이때 "학생연맹 부위원장 동생 빨치산에 3일 동안 얻어맞아 축 늘어져 당신 등에 업고 돌아왔다는 얘기를 하며" 동생(그녀의 시아버지)이 빨치산에 의해 혹독하게 당해 돌아오고, 소 두 마리까지 빼앗겼으니 그 화를 삭일 수 없었을 것이다. 누구나 지난 경험을 통해 역사에 대한 나

름의 시대 인식을 확고하게 지니고 있다. 큰할아버지는 자연스럽게 찐 보수가 된 것이다. 그러니 "태백산맥을 썼다는 조정래란 놈을 한번 만나 따져야 쓰겠다며 벼르는 그 자슥이 뭣도 모른 싸가지 없는 놈이라고 유명한 소설가 선생님을 한방에 날린다". 좌우 대립의 깊은 앙금은 '여순'[2] 발발 70여 년 이후에도 여전히 존재한다. 그 화해의 시간은 그분들을 위해서라도 꼭 필요한 역사의 과제다. 이제 차분히 사람 사는 속 깊은 이야기를 들여다보자.

「퇴근길」이란 시에서는 우린 무엇을 위해 사는가? 라며 스스로에게 묻고 있다. 우리의 민요 중 '살면은 몇백 년을 사는가'라는 노랫말이 있다. 그 말대로 짧은 삶을 살면서 우린 막막한 현실에 기운이 쏙 빠져버린 때가 있다. 화자가 퇴근길에 찾아온 하루를 되돌아보면서 기진맥진해 있다. 차창 밖으로 비치는 하늘에 별이 무성하다. 그만큼 늦은 시간까지 피곤한 몸을 이끌고 일터를 쫓아다닌 것이다. 화자는 허기진 배를 채우기 위해 청암대학 앞 포장마차에 들러 김밥과 핫도그를 먹는다. 이렇게 살려고 이 짓을 하는가 싶은 시간이다. 그러다 빛나는 별 하나 가슴에 애써 추슬러 담아 또 부지런히 집을 찾아든다. 집으로 가는 길을 따라가며 "생生 언저리 어디쯤엔 잠깐이나마/빛나는 내 삶, 걸려

---

[2] 여순(1948년 10월 19일 발생한 여수 주둔 14연대 내 일부 군인들이 제주 파병을 반대한다면서 봉기한 사건)

있을 거라 생각하며/마음속 깊숙이 넣어 둔 그리움/꺼내 씹으며 액셀러레이터를 힘껏 밟는다"는 화자다. 아무리 고달파도 사는 이유 하나쯤은 잊지 않고 있다.

「혜정이」란 시를 들여다보면 누구를 가릴 것 없이 아옹다옹하면서 사는 것이 부부다. 부부로 살면서 싸움 한번 안 했다고 하면 그것은 순 거짓말이다. 아무리 순한 사람들이 만나 살기로서니 말꼬투리 빌빌 꼬며 뒤집기 하다 큰 소리 한번 없었다면 그게 부부일까 싶다. 화자도 어떤 연유로 인해 집을 뛰쳐나올 정도의 부부싸움이 있었나 보다. 무작정 집을 나와 친구 '혜정이'네를 찾아간 것부터가 든든한 고지를 확보한 것이다. 맘 놓고 시간 벌기를 할 수 있으니 화자에게 유리한 것은 뻔한 일, 기어이 두 손 들 듯 전화로 읍소하는 남편이다. 옆에서 편을 들어주다 남편과 전화를 끊고 하는 친구 '혜정이'의 말은 매우 현실적이다. "그래도 혼자 있는 것보다 둘이 있는 게 나아/차진 마음 얹어주는 그녀 말에 뿔을 내리고/순한 한 마리 양되어 집으로 돌아갔다"라며 싱겁게 싸움은 끝이 났다. 이러저러해서 무조건 또 참아야 하는 것에 부아가 치미는 때가 있다.

「하수구를 뚫으며」를 보니 지금이 그런 때였나 보다. 마침 하수구가 막혀 거품이 역류하는 것을 보며 "목메어 삼킬 수 없는 단단한 마음/시퍼런 날 숨기고 참았던 것들/부아 치밀어 오른 것이리라"라며 행위에 대한 긍정을 합리화한다. 화자는 막힌 그곳을 뚫으려고 이것저것 시도를 해

보지만, 쉽게 뚫리지 않았다. 그럴 때 잠시 행동을 멈추고 지금껏 살아온 자신을 되돌아본다. 항상 그대라는 당신을 향해 다가가지만, 장애물처럼 난관이 있어 되돌아와야 했던 그때를 떠올린다. 다시 생각해 보니 그때도 그랬을 것이다. 나만을 위한 생각이 전부였다는 것을 이제야 깨달았다. "너를 중심에 두는 것/외롭지 않게 하는 것/선잠 들라고 무릎을 내어주는 것/막힌 하수구 물이 빠져서야 알게 되었다"라며 언제나 일방적이었다는 것을 늦은 나이에야 깨달았다.

지금껏 살펴본 장애선 시인의 시들은 유별나게 사람에 대한 애정이 진하게 묻어난다. 그 면면들은 꼭 피붙이만은 아니다. 오래전의 이야기에나 나옴직한 "낡은 짐바리 자전거엔/다섯 살 계집아이를 태우고/슬픔에 노상 절어 계신 아버지"(「황사바람 부는 날이면」)는 동네에 들어온 홀아비 뜨내기에 관한 이야기다. 동네에 들어와 고단한 삶을 버텨가던 사내에 딸린 다섯 살 딸아이는 어느 날부터 보이지 않았고 가슴에만 존재하는 이웃이 되고 말았다. 화자가 말한 그녀가 갑자기 뇌경색으로 쓰러져 홀로 걸을 수 없게 된다. 그녀가 세상에서 가장 소망하는 것은 무엇일까를 묻고 있다. "직립보행의 꿈을 위하여/그녀는 새로운 문명을 열기 위해/세상에서 가장 쉽고 가장 어려운 일에/온몸을 걸었다"(「직립보행」)라며 우리가 그토록 찾아 나선 참다운 마음이 어디에 있어야 하는가를 가르쳐준다.

자꾸 들어도 정겨운 말들의 전형을 모태로 살려낸다. 나이 들어 자신의 고단한 시절을 회상하는 것은 가슴 짠한 일이다. 시인은 "수리비가 팔천 원이라는 수선공 말에/신발창이 얇아 몹시도 아팠던 발바닥"(「회색빛 神발」)과 수선가게에 맡겨둔 구두를 찾지 못했던 심정을 안고 뱅뱅 돈 그 여름날을 회상한다. 더는 말하지 않아도 경제적으로 얼마나 힘들었는가를 공감할 수 있는 시의 이면에는 아무것도 가릴 것이 없다. 장애선 시인의 삶의 한때였단 것을 유추할 수 있기 때문이다.

흔히들 시는 상상력의 형용과 형상의 부림을 언어를 통해 문장으로 표기한 것이라고 한다. 그 문장에 담긴 심원한 담론과 팽배한 사유는 내·외부를 분리하지 않는다. 설사 감동과 슬픔 그리고 분노를 자아낸다 해도 타자의 눈빛으로 기어이 당도해야 할 시의 희망을 포기하지 않는다. 장애선 시인은 그 격랑 같은 감정의 노도에 맞서 밤을 새우는 고뇌를 현실의 고통 속에서도 기꺼이 감당해왔다. 그의 시들은 단순하게 감정의 범람으로 쓰인 시가 아니다. 한 편 한 편의 삶이 옹골차게 자리 잡아 순정한 마음으로 재현된 서사는 우리 사회가 잊어버린 아름다운 온정이자 인정을 담고 있다. 그 매사에는 언제나 뜨거운 가슴이 서로를 향하고 있다.

문학들시인선 039
시간의 무늬

초판1쇄 찍은 날 | 2025년 7월 14일
초판1쇄 펴낸 날 | 2025년 7월 21일

지은이 | 장애선
펴낸이 | 송광룡
펴낸곳 | 문학들
등록 | 2005년 8월 24일 제2005 1-2호
주소 | 61489 광주광역시 동구 천변우로 487(학동) 2층
전화 | 062-651-6968
팩스 | 062-651-9690
전자우편 | munhakdle@daum.net
블로그 | blog.naver.com/munhakdlesimmian

ⓒ 장애선 2025
ISBN 979-11-94544-15-9   03810

- 잘못된 책은 바꿔드립니다.
- 이 책 내용의 전부 또는 일부를 재사용하려면
  반드시 저작권자와 문학들의 동의를 받아야 합니다.
- 책값은 뒤표지에 표시되어 있습니다.